MARES E OCEANOS

Mergulhe nesta aventura e descubra diversas cores e seres vivos!

Texto
Gisela Socolovsky

Ilustrações
Silvina Socolovsky

Ciranda Cultural

NOSSO PLANETA: UMA LINDA BOLA AZUL

Assim é a Terra vista lá do espaço. Um manto de água cobre mais de dois terços de sua superfície e forma os oceanos e mares.

ÁGUA LÍQUIDA

Acredita-se que a Terra seja o único planeta do Sistema Solar que contém água líquida, um elemento **essencial** para a existência da **vida** como a conhecemos.

UM PRIVILÉGIO DO NOSSO PLANETA!

Para que seja líquida, a água precisa de **temperatura** e **pressão** na medida certa. E nós temos isso aqui na Terra!

CORES, CORES...

A água do mar é azul porque reflete o espectro da luz solar desta cor, mas, às vezes, também a vemos em outras cores: verde, marrom ou cinza. Isso ocorre porque outros elementos, como as algas, refletem outros espectros da luz.

A origem da água em nosso planeta!

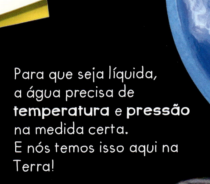

SEMPRE HOUVE ÁGUA?

No início, a Terra era composta de **rocha líquida** muito quente.

Ao longo de milhões de anos, ela foi esfriando e formou-se a **crosta**.

Essa crosta estava cheia de **vulcões**, cujos gases formavam **enormes nuvens** que cercavam toda a Terra.

E então começou a **chover** e **chover**!

4

TEM ÁGUA NO UNIVERSO!

É verdade, mas apenas na forma de **gelo** ou **vapor**. Os elementos que compõem a água, **oxigênio** e **hidrogênio**, são muito comuns no espaço.

Molécula de água

Você sabia que em Marte existe água em forma de gelo? E que Vênus tinha bastante água, mas ela evaporou há milhões de anos?

QUAL É O SABOR DA ÁGUA?

A água dos mares e oceanos tem grande **concentração de sal**, e isso faz com que ela tenha um sabor salgado. Outra parte da água do nosso planeta é conhecida como **água doce**, mas não contém **açúcar**!

O BERÇO DA VIDA

A **vida nasceu** no mar; as primeiras bactérias apareceram lá.

BENDITA CHUVA!

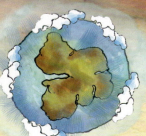

Choveu tanto que **mares**, **oceanos** e **rios** se formaram!

ÁGUA NA TERRA

De toda a água da Terra, a **maior parte é salgada**. Uma **porção bem pequena é água doce** e uma porção ainda menor é a que podemos consumir.

UM BOLO MUITO SALGADO
- 97% de água salgada
- 3% de água doce
- Porção de água doce
- 1% da água doce pode ser consumida
- O que resta é composto por geleiras, nuvens e águas subterrâneas

Elas evoluíram para formar **todas as espécies que existem no mundo**.

TODOS OS OCEANOS...
UMA LONGA HISTÓRIA

Há milhões de anos, existia um supercontinente na Terra, **Pangeia**, rodeado de água.

A Pangeia foi se dividindo: primeiro em duas grandes partes, **Laurásia** e **Gondwana**, separadas pelo Mar de Tétis.

E, depois, em pedaços menores de terra, que são **os continentes atuais**.

Iglus

Esquimós

Os **ursos-polares** têm cada vez menos gelo sólido por onde percorrer.

Os oceanos

PACÍFICO

É o **maior** e mais profundo oceano do mundo. Possui muitas **ilhas**, **fossas e montanhas**.

Não é tão pacífico como seu nome indica! Nele, encontra-se o **anel de fogo**, uma área extensa que margeia todas as costas dos continentes com **vulcões subaquáticos**.

ATLÂNTICO

É o segundo oceano mais extenso. Tem águas **menos profundas**, e muitos mares se formam em seus litorais.

Anel de fogo

Ilha

Vulcão

Uma cordilheira vulcânica atravessa o oceano Atlântico de sul a norte, como um zíper. É a **dorsal mesoatlântica**.

Está submersa desde a Antártica e emerge na Islândia como uma ilha vulcânica.

Focas

Quebra-gelo

Você conhece o pinguim-imperador?

CORRENTES MARINHAS

São como rios dentro do oceano, extensões de água que fluem em diferentes profundidades e direções. Observe o mapa!

Frias
Quentes

6

... UM OCEANO

O que acha de fazermos um passeio por suas águas?

PEÇAS DE UM QUEBRA-CABEÇA

Se observarmos as bordas dos continentes, veremos que a **África** quase se encaixa com a **América**, e a **Europa** com a **Ásia**. Parece que eles formam um enorme quebra-cabeça!

Você sabia que, se viajássemos de barco, poderíamos cruzar todos os oceanos?

ÁRTICO

É PURO GELO!

É o **menor** dos oceanos do nosso planeta.

O **Polo Norte**, uma enorme calota de gelo, **está se desfazendo** em pequenos icebergs devido ao **aquecimento global**.

Tsunami

estão unidos.

ÍNDICO

É o oceano mais **quente** do planeta e sua temperatura está aumentando cada vez mais rápido.

Vulcões que entram em erupção causam **terremotos** e **tsunamis**. Que assustador!

OS MARES

São menores e mais rasos que os oceanos. Também costumam ser mais fechados, pois estão próximos dos continentes.

VENTOS DE MONÇÕES

Provocam **chuvas** abundantes e intensas.

Muitos agricultores dependem das **chuvas das monções** para o cultivo do arroz.

Atóis

Povos que vivem no mar

ANTÁRTICO

Pescadores de ostras

Recifes de coral

TRATADO DOS OCEANOS

É essencial que **todos os governos do mundo** entrem em acordo para **proteger** os oceanos e todos os seres que neles vivem.

UM FRIO DE RACHAR!

Esse oceano forma um **círculo que rodeia** um continente: a Antártica. Não há árvores ou plantas. Poucos animais vivem na região. Está **cheio de icebergs** e é difícil de navegar.

Iceberg

Bases científicas

7

A ÁGUA É UM TESOURO
ÁGUA AQUI, ÁGUA ACOLÁ!

JÁ PAROU PARA PENSAR EM QUANTAS VEZES POR DIA NÓS USAMOS ÁGUA?

Quando bebemos, tomamos banho ou cozinhamos, quando regamos as plantas, limpamos ou lavamos roupa... Toda a nossa vida está ligada ao uso da **água**.

Vamos encontrá-la por aí?

ESTADOS, FORMAS E USOS DA ÁGUA

É fácil vê-la no mar, nos oceanos ou rios, mas também podemos encontrá-la em **locais** um tanto **escondidos**.

Grandes quantidades de água são utilizadas em **residências** e **fábricas**.

Há água em lagos e geleiras, em mantos de gelo e icebergs.

Também há embaixo da terra e flutuando no ar na forma de nuvens ou névoa.

Você consegue imaginar um mundo sem **água**? Seria um mundo sem **vida**.

No campo, a água é necessária para **agricultores** e **pecuaristas**.

ESTADOS DA ÁGUA

Neve, gelo	Água	Vapor de água
SÓLIDO	LÍQUIDO	GASOSO

Percurso do tabuleiro: CHUVA — NÉVOA — VAPOR — MARES — NUVENS — GEADA — ÁGUAS SUBTERRÂNEAS — ORVALHO — ICEBERGS — GELEIRAS

8

É essencial para a vida!

A maioria dos seres vivos do planeta, incluindo nós, **precisa da água para viver.**

Por isso, é muito importante não desperdiçá-la ou poluí-la!

SOMOS FEITOS DE ÁGUA

O principal componente dos seres vivos é a **água**, embora em quantidades diferentes, dependendo da **espécie**.

Você sabe do que são feitas as nuvens? E a névoa? E os picolés que você toma?

NEVE — OCEANOS — GELO

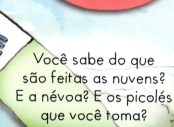

GRANIZO — LAGOAS

O CICLO DA ÁGUA

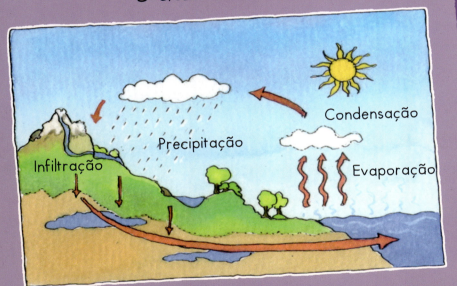

Infiltração — Precipitação — Condensação — Evaporação

Na Terra, a **água está em constante movimento.** É um processo contínuo, uma jornada circular que se chama **ciclo da água**. À medida que ela se desloca de um lugar para outro, seu **estado também pode mudar.**

Você gosta de melancia? É água pura!

VEJA QUE CURIOSO!

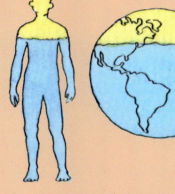

A superfície da Terra tem a mesma proporção de água que temos em nosso corpo: cerca de 70%.

LAGOS — RIOS

NASCENTES

HI-DROS-FE-RA

Sabe o que é? É a parte da Terra coberta por **mares, oceanos, rios, lagoas** e outras extensões de água.

9

Como é o fundo do oceano?

Para estudá-lo, os cientistas o dividem em zonas de acordo com a **proximidade** dos continentes e sua **profundidade**.

RECIFES DE CORAL
São **ecossistemas** subaquáticos de formas e cores bem variadas. Eles fornecem **abrigo** para grande parte da vida marinha!

ILHAS E ARQUIPÉLAGOS
Muitos deles são **montanhas** que se erguem do fundo do oceano, tão altos que aparecem **acima da superfície** da água.

Ilha

Acima da superfície
O METRO
Abaixo da superfície

NÍVEL DO MAR
A partir deste ponto, são **medidas a altitude e a profundidade** das montanhas, dos vales e de todos os lugares da Terra.

AS DORSAIS OCEÂNICAS
Como zíperes muito longos, elas atravessam o globo terrestre. Essas imensas **cadeias de montanhas** podem atingir milhares de quilômetros de extensão. São formadas por **magma** de vulcões subaquáticos ou por **relevos na crosta**.

OS GUYOTS
São montanhas cujo **topo parece ter sido cortado por uma faca**. Muitos são restos de antigas ilhas vulcânicas.

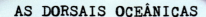

AS FOSSAS ABISSAIS
Na parte mais profunda do mar, encontram-se esses **vales em forma de V**. Podem medir milhares de metros de profundidade. Uma das fossas mais conhecidas é a **Fossa das Marianas**.

OS VULCÕES
Assim como ocorrem nos vulcões terrestres, **erupções de magma** também podem ocorrer no fundo do mar.

UM GRANDE QUEBRA-CABEÇA

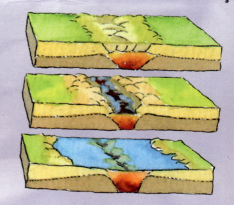

A crosta terrestre é dividida em placas que formam um enorme quebra-cabeça. Elas são chamadas de **placas tectônicas**. E essas placas nunca param de se mover!

11

A VIDA NO MAR
TEM ALGUÉM AÍ EMBAIXO?

O **silêncio reina** nesse ecossistema e uma infinidade de **seres maravilhosos**, cores e formas incríveis se abre diante de nossos olhos. São criaturas que habitam as águas salgadas, da **superfície** até o ponto mais **profundo**.

Venha se surpreender!

Equipamento de mergulho

Máscara de mergulho, boas nadadeiras, tubo de oxigênio e... **direto para a água!**

EXPLORADORES

DRONES E SUBMARINOS
Para aprender sobre a vida subaquática, os **cientistas descem** até as profundezas usando equipamentos de **mergulho**, **robôs** ou **submarinos**.

ATENÇÃO, MERGULHADORES!
Os mergulhadores podem **submergir até cem metros** para pesquisar, encontrar tesouros, reparar navios ou resgatar pessoas.

ICTINEU 3
É um **submarino tripulado** e de uso científico, capaz de mergulhar até 1.200 metros.

Esse pequeno **robô é operado por controle** remoto e envia dados para um computador.

Eles devem ter muito cuidado! Um erro pode custar a vida. Por isso, as **normas de segurança** são essenciais.

Ecossistemas marinhos

PRADOS DE POSIDÔNIAS
Posidônia é uma **planta marinha**. Muitas espécies de peixes se refugiam nos seus prados.

MANGUEZAIS
São lindas **florestas de mangue**, árvores que têm suas raízes submersas em água salgada.

FUNDO DO MAR ANTÁRTICO
Sob uma grande camada de gelo se esconde um **mundo bem colorido**.

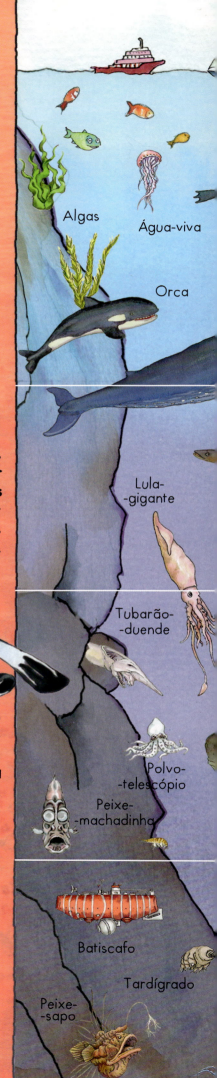

Algas
Água-viva
Orca
Lula-gigante
Tubarão-duende
Polvo-telescópio
Peixe-machadinha
Batiscafo
Tardígrado
Peixe-sapo

12

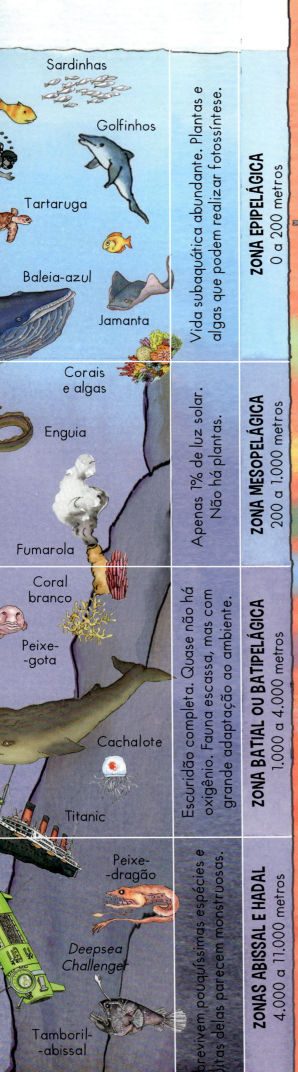

ZONA EPIPELÁGICA 0 a 200 metros	Vida subaquática abundante. Plantas e algas que podem realizar fotossíntese.
ZONA MESOPELÁGICA 200 a 1.000 metros	Apenas 1% de luz solar. Não há plantas.
ZONA BATIAL OU BATIPELÁGICA 1.000 a 4.000 metros	Escuridão completa. Quase não há oxigênio. Fauna escassa, mas com grande adaptação ao ambiente.
ZONAS ABISSAL E HADAL 4.000 a 11.000 metros	Sobrevivem pouquíssimas espécies e muitas delas parecem monstruosas.

CADA UM NO SEU LUGAR

Os seres vivos se **agrupam** em **comunidades** e **interagem** entre si. Eles escolhem as áreas para habitar de acordo com suas necessidades de luz, temperatura e pressão. Juntos, formam os **ecossistemas**.

São como bairros, só que no fundo do mar.

Quem come quem?
CADEIA TRÓFICA

Nos mares e oceanos, tal como em terra, **comer é a lei da vida**. Alguns seres comem outros e, ao mesmo tempo, também são comidos.

ELOS DA CADEIA ALIMENTAR

PRODUTORES
Produzem sua própria comida. Plantas e algas realizam fotossíntese e transformam luz solar em energia.

CONSUMIDORES
PRIMÁRIOS: zooplâncton, krill, águas-vivas.

SECUNDÁRIOS: peixes e crustáceos.

TERCIÁRIOS: peixes, aves e mamíferos marinhos.

QUATERNÁRIOS: grandes predadores, orcas, etc.

DECOMPOSITORES
Alimentam-se dos restos de outros seres mortos, devolvendo nutrientes à água.

FITOPLÂNCTON E ZOOPLÂNCTON
São organismos microscópicos que formam a **base da cadeia**. Absorvem dióxido de carbono e produzem 90% do oxigênio que respiramos.

COSTAS ROCHOSAS
Nas praias arenosas e rochosas, as piscinas naturais estão cheias de pequenos animais.

FUMAROLAS
As bactérias mais **antigas** da Terra crescem aqui!

Na corrente de um colar, se um elo se quebra... adeus, colar!

O mesmo acontece com a **cadeia alimentar**: todos os seus integrantes são **importantes**!

Cuidando da **biodiversidade**, mantemos o **equilíbrio** dos ecossistemas.

13

COMO PEIXES NA ÁGUA
CORES E FORMAS INFINITAS

TIPOS DE PEIXES
Eles podem ser classificados de diferentes maneiras: de acordo com o local onde vivem, o que comem ou como é o seu corpo.

OS PEIXES
São perfeitamente projetados para se moverem debaixo d'água. A maioria **respira pelas guelras**, tem **escamas**, nada em diferentes direções usando **nadadeiras** e **cauda**, e põe **ovos**.

PEIXES ÓSSEOS
A maioria dos peixes que conhecemos pertence a este grupo; eles têm **esqueleto interno ósseo**, ou seja, formado por pedaços calcificados. Alguns exemplos de peixes ósseos são: **pescada, robalo, salmão**...

PEIXES CARTILAGINOSOS
Seu esqueleto é formado por **cartilagem** em vez de osso. Exemplos de espécies de peixes cartilaginosos: **tubarão, peixe-serra, raia (ou arraia)**...

PEIXES SEM MANDÍBULA
Parecem cobras, não têm escamas e seu corpo é escorregadio. Exemplos: **lampreia, peixe-bruxa**...

LINGUADO

PEIXE-ANJO

PARA QUE SERVEM AS ESCAMAS?
Elas cobrem a pele do peixe, **protegendo** e isolando-o do ambiente externo. Além disso, as escamas ajudam os peixes a **deslizar** na água. Podem ter vários tamanhos e formas.

Escamas

Barbatana

Barbatana anal

Barbatana caudal

A ARTE DE NADAR
As diferentes barbatanas e tipos de cauda dos peixes lhe proporcionam **agilidade para nadar** e para **mantê-los parado** na água.

DRAGÃO-MARINHO-FOLHADO
Este peixe é primo do cavalo-marinho.

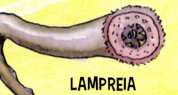
LAMPREIA
Alguns nem parecem peixes, como este bicho.

PEIXES PLANOS
Os peixes planos, como o linguado, nascem como todos os outros, mas **mudam de forma** em poucos dias; seus **olhos se juntam** e seu corpo fica achatado como um tapete.

DIETA DE PEIXE
Dependendo da espécie e do local onde vivem, os peixes podem ser **carnívoros**, alimentando-se de outros peixes, vermes, moluscos ou crustáceos; **herbívoros**, comendo plantas e algas; ou **onívoros**, ingerindo de tudo.

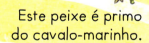

14

MILHÕES DE PEIXES

Longos, finos, redondos ou planos, de cores vivas ou escuras, pequenos, enormes e até com pernas! Existem tantos tipos!

Os peixes formam um imenso grupo de animais, um dos mais numerosos entre os **vertebrados**.

PEIXE-LUA

MERGULHE NESTA PÁGINA PARA CONHECÊ-LOS!

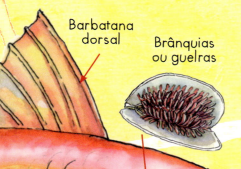

Barbatana dorsal

Brânquias ou guelras

COMO OS PEIXES RESPIRAM?
Os seres vivos terrestres **respiram oxigênio**. Os peixes o obtêm da água usando as **guelras (ou brânquias) como filtros**.

PEIXE COM PERNAS

PEIXE-MÃO-ROSA

Tem **nadadeiras** em formato de dedos que usa **como pernas**. É uma espécie muito estranha com uma **crista vermelha** na cabeça. Até parece um punk!

Você sabia que o **cavalo-marinho macho** mantém os bebês na barriga até eles nascerem?

PEIXES VENENOSOS

JAMANTA

Barbatana pélvica

PEIXES-VOADORES
Eles **nadam rapidamente** até a superfície, **decolam** como um avião e planam sobre a água.

PEIXE-VOADOR   **PEIXE-AGULHA**

PEIXE-LEÃO

O peixe-agulha é tão fino que pode ser confundido com uma alga. Assim, é difícil encontrá-lo.

MILHARES DE OVOS

Na maioria dos casos, a **fêmea espalha seus ovos na água** para que sejam fertilizados. Muitos deles são comidos, mas outros se transformam em **novos peixinhos**.

BAIACU
Cuidado com esse peixe! Ele sabe bem como **assustar** seus predadores.

ATENÇÃO!

PEIXES QUE NÃO SÃO PEIXES

Baleias e golfinhos parecem peixes, mas são mamíferos marinhos. Ambos diferem dos peixes porque não nascem de dentro de ovos; eles se desenvolvem na barriga da mãe, que os amamenta ao nascerem.

VOCÊ JÁ VIU UM OVO DE TUBARÃO?

15

RECIFES DE CORAL
PARAÍSOS SUBAQUÁTICOS

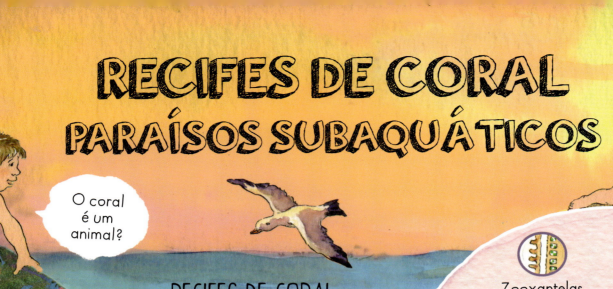

O coral é um animal?

RECIFES DE CORAL

São formados por milhares de pequenos animais, **os pólipos**, que vivem em colônias. Eles criam uma concha em forma de tubo, **coral**, que é seu esqueleto e parece pedra! Por dentro, os corais têm o corpo macio. Sobrepondo-se uns aos outros, formam esta estrutura surpreendente: os **recifes**.

Verdadeiros jardins no fundo do mar!

Truta-coral

PÓLIPOS E ZOOXANTELAS

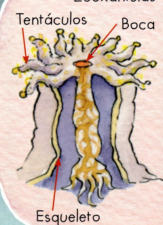

Uma simbiose perfeita! Zooxantelas são **algas** que vivem dentro do tecido dos corais. O coral lhes dá um **lar** e elas dão ao coral **comida** e suas lindas cores. Você sabia que os pólipos são incolores?

Zooxantelas
Tentáculos
Boca
Esqueleto
Pólipo

SELVAS NO MAR

O recife de coral é um dos **ecossistemas** mais importantes do planeta e leva **milhares de anos para se formar**. Grande parte do oxigênio que respiramos é gerada aqui. A maioria dos seres vivos depende dele.

AS ALGAS

Embora existam muitas espécies de algas, **algumas ajudam** mais no delicado equilíbrio do recife do que outras.

Algas vermelhas o fortalecem.

Por outro lado, se crescer demais, esta **alga verde** pode **sufocar o coral**.

Peixe-anjo-imperador

Peixe-palhaço

Caranguejo-eremita

Anêmonas

BELOS CORAIS

Existem **muitas variedades** desses pequenos animais sem pernas ou olhos. Dependendo da espécie, podem ser **macios** ou **rígidos** e de **diferentes formatos** e **cores**.

Polvo

Coral-de-fogo

Leque-do-mar

Chifre-de-veado

Coral-cérebro

Tubo de órgão

UMA EXPLOSÃO DE VIDA!

Cada canto do recife serve de **alimento** ou **abrigo** para algum animal ou planta. São tantos e tão diferentes...! Aventure-se pelo recife de corais!

TIPOS DE RECIFES

Costeiro | De barreira | De atóis

Rodeia a costa bem perto do continente ou de uma ilha.

Separa-se da **costa** por uma lagoa profunda.

Forma um **círculo** em torno de um vulcão submerso.

O maior recife do mundo é a Grande Barreira de Corais australiana.

ONDE SÃO ENCONTRADOS?
Em águas rasas de mares tropicais.

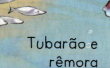

EM COMUNIDADE
Seus habitantes **vivem em harmonia**. Eles se ajudam e trabalham em equipe. Essa relação **simbiótica** é muito favorável para todos.

Tubarão e rêmora

Jamanta

FRÁGIL COMO CRISTAL
Os corais parecem fortes, mas na verdade são muito delicados. Precisam de águas limpas e mornas, entre 20 e 28°C.

Água-viva

PARCEIROS PERFEITOS
A **anêmona** protege o **peixe-palhaço** e come as sobras de comida que ele deixa. A rêmora limpa a pele do **tubarão** e come seus parasitas. O **bodião** é um excelente dentista para a **moreia**.

Peixe--papagaio

Moreia e peixe--dentista

UM FUTURO AMEAÇADO
Muitos recifes de corais estão morrendo devido à **poluição**, ao **aquecimento** das águas, ao lixo que chega ao mar... E podem **desaparecer!**

COMO PROTEGÊ-LOS?
Não jogue lixo no mar e não retire animais ou plantas de seu hábitat. Transmita essa mensagem para sua família e seus amigos!

Plásticos

Garrafas

Lagosta

17

TARTARUGAS MARINHAS
Viajantes incansáveis

Esses magníficos répteis nadam pelos oceanos do mundo há mais de **cem milhões de anos**. No entanto, atualmente, muitos estão em **perigo de extinção**.

A tartaruga marinha tem uma **carapaça** (ou casco) e um esqueleto interno preso a ela. Quanta proteção!

Carapaça

Esqueleto interno

QUE SORTE! Os peixes-cirurgiões limpam sua carapaça.

TARTARUGA-VERDE

A tartaruga vai à praia para cavar seu ninho na areia.

Lá, ela põe entre cem e duzentos ovos.

Um longo processo!

Ao nascerem, os filhotes de tartaruga caminham pela areia até a água.

Muitos perigos os cercam.

MEMÓRIA DE TARTARUGA Embora se afaste bastante, a tartaruga fêmea **sempre volta** para desovar na praia onde nasceu.

UM BOM MENU Quando pequenas, comem alguns crustáceos. Quando adultas, comem apenas "vegetais": algas, ervas e fitoplâncton.

QUE BOCÃO! Dentro da boca, não há dentes, mas **espinhos** (papilas) alongados que são feitos de uma **pele dura**.

SEU PRATO FAVORITO Ervas e algas. A tartaruga adulta as come como espaguete!

Tartaruga-de-kemp

Tartaruga-de-couro

Tartaruga-cabeçuda

TIPOS DE TARTARUGAS

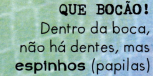

Quais perigos as cercam?

ROUBO DE OVOS Seus ovos não eclodem porque os animais e as pessoas os destroem.

COMÉRCIO Elas são capturadas por pescadores que fazem sopa com sua carne e enfeites com sua carapaça.

Você sabia que poucas tartarugas chegam à idade adulta? E restam **cada vez menos delas**.

PRAIAS HABITADAS Se as praias estiverem cheias de edifícios e pessoas, elas não conseguem procriar.

PESCA INDISCRIMINADA As tartarugas morrem capturadas por redes.

SUBSTÂNCIAS TÓXICAS O mar fica envenenado, matando as tartarugas por intoxicação.

18

FANTASMAS NO MAR?

As águas-vivas

Elas se deixam levar pelas correntes marítimas e, com suas cores e seus movimentos suaves, decoram as águas dos oceanos. **Fazem parte do zooplâncton.**

Água-viva

COMO SÃO?
São compostas por **95% de água**. Elas não têm coluna vertebral nem ossos; é por isso que são tão macias, até **parecem gelatina**.

As águas-vivas também estão entre os organismos **mais antigos** a viverem no planeta.

Água-viva

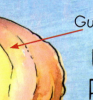
Guarda-chuva

UM MANJAR PARA MUITOS
A água-viva **serve de alimento** para alguns habitantes do mar, como atuns, tubarões, salmões... e principalmente tartarugas.

FILAMENTOS URTICANTES
Eles são usados para **capturar presas** e se defender.

CUIDADO COM A CARAVELA-PORTUGUESA!
Essa **falsa água-viva** tem uma vela gelatinosa que a ajuda a navegar como um veleiro. Seus tentáculos são **muito venenosos** e podem paralisar suas presas, inclusive humanos.

Bala-de-canhão

UMA VIDA CURTA
Elas vivem apenas **alguns meses**, mas sobreviveram por muitos séculos porque se reproduzem com muita facilidade.

ÁGUA-VIVA--JUBA-DE--LEÃO
A **maior** água-viva conhecida.

ESTA ÁGUA-VIVA É IMORTAL!
Ela pode ficar pequena novamente quando está na fase adulta. É como se nascesse de novo!

Medusa-da-lua

TIPOS DE ÁGUA-VIVA
Existem **muitas espécies** de diferentes tamanhos e formas. Elas parecem dançar na água.

Água-viva ou medusa

PARA CONSUMO HUMANO
Na China e no Japão, as águas-vivas são cultivadas para alimentação.

POLUIÇÃO DE PLÁSTICOS
As tartarugas confundem as sacolas com águas-vivas; por isso, elas as engolem e morrem sufocadas.

VOCÊ JÁ FOI QUEIMADO POR UMA ÁGUA-VIVA?
Se for queimado, você deve ir até os **socorristas** da praia. Eles ajudarão você.

RAINHAS DO MAR AS BALEIAS

A baleia-jubarte é fácil de reconhecer pela corcunda na **barbatana dorsal**.

Essas gigantes do mar pertencem ao grupo dos **cetáceos**, junto com os golfinhos, narvais, cachalotes, etc. São **mamíferos marinhos**: respiram o ar, dão à luz e amamentam seus filhotes debaixo d'água.

Existem dois grandes grupos de baleias:

DE BARBAS
Têm cerdas (escovas) gigantes na boca, denominadas **barbas**. Com elas, filtram a água e pegam seu alimento, que são animaizinhos chamados **krill**.

DENTADAS
Seus **dentes** são muito afiados e usados para pescar **peixes** e **lulas**, embora elas comam seus alimentos inteiros! Também são usados para se defenderem.

CURIOSO!
Os **maiores** animais do planeta se alimentam **dos menores** que existem.

O KRILL
Seu prato favorito!

Narina

QUE BOCÃO!

MIGRAÇÕES
Migram durante todo o ano em busca de **alimento** e do melhor lugar para **acasalar**. No verão, procuram as águas polares, e, no inverno, os trópicos, onde podem dar à luz seus filhotes em águas rasas.

EXCELENTES NADADORAS
Podem atingir cinquenta quilômetros por hora. Sua pele, coberta por uma **camada de gordura**, permite que elas nadem com muita facilidade.

GRANDES BARBATANAS
A baleia-jubarte, com suas enormes barbatanas ou nadadeiras, consegue pular e ficar completamente fora d'água. Ela dá **piruetas** como uma bailarina.

PARA SE ORIENTAR
Emitem ondas sonoras que, ao serem emitidas, batem em algum objeto gerando um eco que informa a distância e o tamanho dele. Esse sistema é chamado de **ecolocalização**.

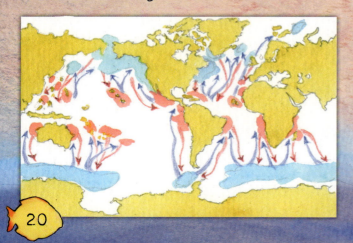

Existem mais de 70 espécies de baleias

Elas habitam todos os oceanos. Entre as muitas espécies, está a **baleia-azul**, o maior animal do planeta.

Elas são enormes!

A BALEIA-AZUL

Mede cerca de 30 metros de comprimento, o que equivale a uma fileira de sete carros, e **pesa** o mesmo que 350 ursos-polares. Seu coração pode pesar tanto quanto um carro e cabem 100 pessoas **em sua boca**.

Urso-polar

Coração

ESPIRÁCULOS

São as **narinas**. As baleias precisam de ar para respirar, e é por isso que devem vir à superfície de vez em quando. As espécies com barba têm dois espiráculos e as dentadas, apenas um.

VIAJANTES MAGNÍFICAS, NADADORAS EXCELENTES E CANTORAS TALENTOSAS!

Barbatana dorsal

Corcunda

QUE CAUDA IMENSA!

CALOSIDADES

Esses piolhos vivem em grandes comunidades. Formam **caroços na pele** das baleias, dando a elas uma aparência especial, que ajuda a reconhecê-las.

PIOLHOS DE BALEIA

Esses pequenos **crustáceos** medem cerca de dois centímetros.

BARBATANA CAUDAL

Você sabia que a barbatana caudal ajuda a **regular a temperatura**? Como a baleia tem sangue quente, a barbatana ajuda a resfriar seu corpo, além de impulsioná-la na água **para nadar**.

FILHOTES

Eles são chamados de **baleatos**. Nascem a cada dois ou três anos. A gestação dura 12 meses e, ao nascer, são amamentados por um ano. **Podem pesar 3 toneladas quando nascem!**

Baleato

EM PERIGO DE EXTINÇÃO!

Vamos cuidar das baleias! Seu principal **predador** são os **humanos**, que ainda as caçam.

CANTORAS FAMOSAS

As baleias cantam para se **comunicar** e **acasalar**. Podem passar horas e horas cantando e têm um repertório de músicas muito amplo. Algumas até parecem tocar trompete.

ENTRE PINÇAS E ARMADURAS
OS CRUSTÁCEOS

Esses animais blindados são primos das aranhas, escorpiões e insetos. Seu corpo mole é protegido por um **esqueleto externo: a carapaça.**

SÃO OS MAIS NUMEROSOS NOS MARES E OCEANOS!

PARECEM ARMADURAS DE CAVALEIROS!
Seu corpo foi genialmente projetado pela natureza. Suas diferentes partes **se sobrepõem** para lhes dar flexibilidade sem deixar nada exposto.

CARANGUEJO
- 2 pinças
- 10 patas
- Carapaça

CARANGUEJO-VIOLINISTA
Uma de suas pinças é maior que todo o corpo.

CARANGUEJO-ARANHA-JAPONÊS
Pode medir até quatro metros.

OVOS
As fêmeas carregam os ovos sobre o corpo para que os machos possam fertilizá-los.

TROCA DE CARAPAÇA
À medida que crescem, eles **trocam a carapaça** por uma maior, gerada por seu próprio corpo.

Pulga d'água
Tão pequena e tão importante! Além de **filtrar a água**, serve de alimento para muitos habitantes do mar.

CARANGUEJO-BOXEADOR
Ele escolhe bem suas "luvas": pega anêmonas com tentáculos urticantes para se defender dos inimigos.

TIPOS DE CRUSTÁCEOS
Existem cerca de trinta mil espécies de crustáceos, com formatos e tamanhos bem diversos.

BARRIGA LONGA
- Lagosta
- Krill

BARRIGA CURTA
- Caranguejo-real
- Caranguejola

OUTROS CRUSTÁCEOS
- Bolota-do-mar
- Craca

BELO DISFARCE!
Alguns crustáceos se cobrem com algas ou ouriços para se **protegerem** e enganarem seus predadores.

Caranguejo-decorador

Caranguejo-ouriço

22

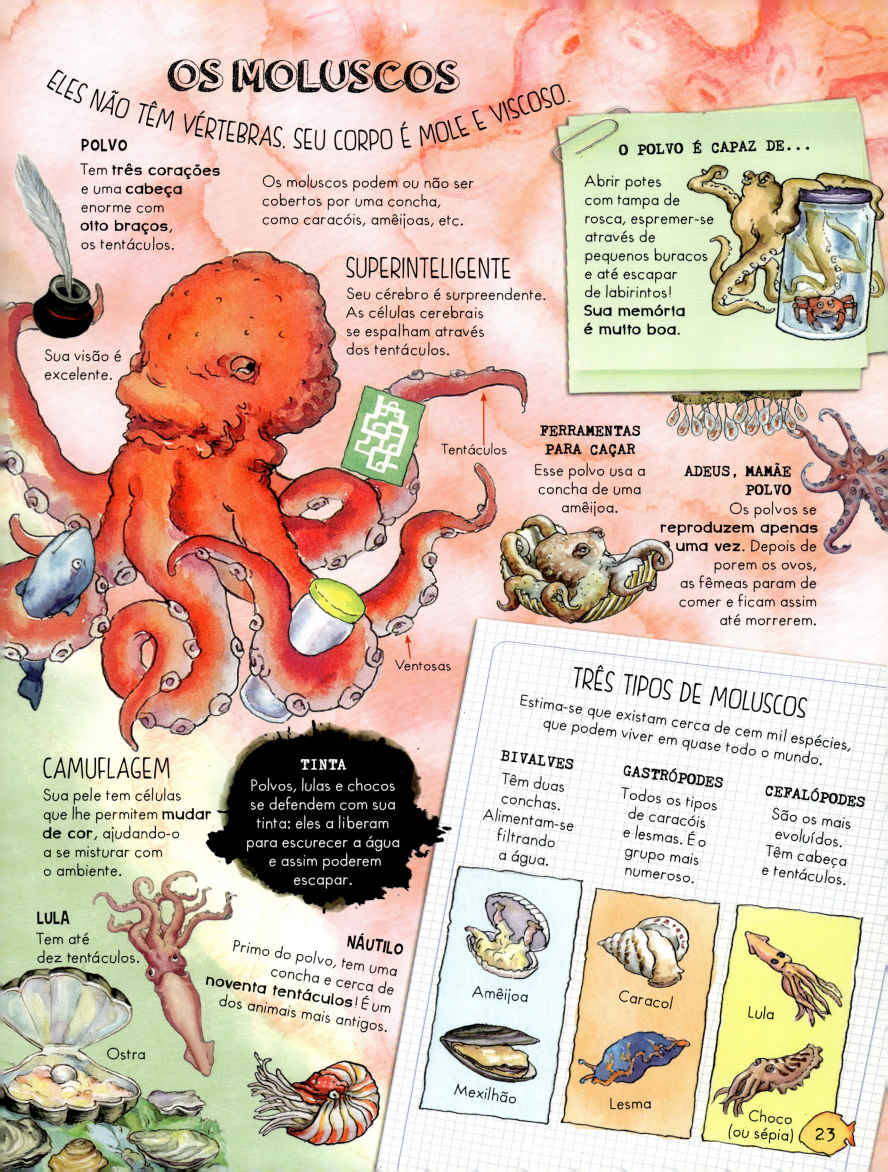

EXPLORAÇÃO DAS PROFUNDEZAS

*Você consegue imaginar como é o lugar **mais profundo do planeta**?*

O fundo do oceano é um dos lugares mais **inexplorados** da Terra. Conhecemos uma pequena parte dele, e seus habitantes são um **mistério** para nós.

Antes, acreditava-se que o fundo do mar era plano como uma tábua. **Mas, agora, sabe-se que** certas partes do oceano são tão profundas que dentro delas caberia o **Monte Everest!**

VIAGEM AO DESCONHECIDO...

É a **Depressão Challenger**. Alcança onze mil metros!

...A MILHARES DE METROS ABAIXO DO MAR!

Acredite ou não, temos mapas mais detalhados da **Lua** e de **Marte** do que do nosso próprio **solo subaquático**.

POR QUE É TÃO DIFÍCIL CHEGAR LÁ?

O fundo do mar é muito **escuro**, a água é **congelante** e a **pressão** é tão grande que nos esmagaria. A sensação seria a de ter **milhares de baleias em cima de nós**.

MAPAS DO MAR

Para fazer mapas da superfície terrestre, usamos **fotografias aéreas** ou o auxílio de **satélites**. No entanto, é muito difícil fazer isso nas profundezas do mar.

VIVA A TECNOLOGIA!

Aos poucos, estamos avançando nas técnicas para confecção desses mapas, e diversos **instrumentos** já foram fabricados para rastrear o solo subaquático. Primeiro, usamos uma **corda com lastro (peso)**, depois introduzimos **cabos** que cruzaram o oceano, e, há cerca de cem anos, foi inventado um dispositivo chamado **sonar**. Foi um grande avanço!

Sonda de Brookes

VIAJE PARA A DEPRESSÃO CHALLENGER

É QUASE TÃO DIFÍCIL QUANTO IR PARA O ESPAÇO

Até agora, pouquíssimas pessoas conseguiram descer a essa profundidade. Para conseguir, tiveram que construir **embarcações especializadas**. Veja que expedições fascinantes!

QUE ENGENHOSO!

SONAR

O sonar envia **ondas sonoras** que ricocheteiam no fundo, como um eco.

Os cientistas medem o **tempo** que essas ondas levam para chegar até lá e, assim, calculam a **distância**.

2012: DEEPSEA CHALLENGER

Esse submarino, da altura de um prédio de três andares, foi tripulado pelo diretor de cinema **James Cameron**. Depois de **duas horas e meia de viagem**, atingiu 10.915 metros. Ele avistou animais bem raros!

JAMES CAMERON

A cabine mede pouco mais de um metro.

- Antenas
- Bateria
- Painéis de luzes: iluminam até 30 metros.
- Estrutura com 8 câmaras
- Braço para coleta de amostras.
- Carga de 500 quilos para liberar durante a subida.

Outras expedições para a Depressão Challenger

1960: BATISCAFO TRIESTE

Foi a primeira expedição a atingir uma grande profundidade: 10.911 metros! Uma esfera de aço de dois metros de diâmetro foi presa ao batiscafo com cabos bem fortes. Demorou cinco horas para descer, e a tripulação passou vinte minutos no fundo do oceano.

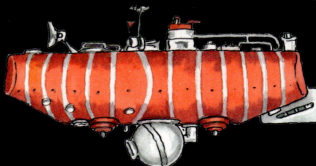

2009: NEREUS

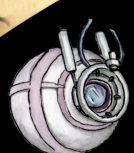

Esse robô subaquático **não tripulado** tinha o peso e tamanho de um hipopótamo. Foi operado de um barco por meio de controle remoto e tirou fotos fantásticas.

2019: EXPEDIÇÃO *FIVE DEEPS* (CINCO PROFUNDEZAS)

Victor Vescovo bateu o recorde de imersão, com 10.925 metros. Foi muito emocionante, mas também lastimável: junto com as fantásticas criaturas das profundezas, ele viu **restos de plástico e lixo!**

25

A FOSSA DAS MARIANAS
A mais profunda que se conhece

A Fossa das Marianas **ultrapassa os onze mil metros** e abriga a **Depressão Challenger**. Há outras que também são muito profundas, como a Fossa de Kermadec, a Fossa das Curilas e a Fossa das Filipinas. Quase todas estão **localizadas no oceano Pacífico**. A Fossa de Porto Rico fica no Mar do Caribe.

PEIXE-MACHADINHA
Parece de metal e afilado.

MONSTROS MARINHOS
Com tantas **condições adversas**, era impensável que houvesse vida ali. Porém, para a surpresa de muitos, foram **descobertos** seres **fascinantes**, as criaturas abissais, que parecem extraterrestres.

QUEM VIVE ALI?
Nas profundezas do oceano, vivem algumas das criaturas mais estranhas da natureza.

ÁGUA-VIVA ALIENÍGENA

PEPINO-DO-MAR COR-DE-ROSA

CTENÓFORO

ACREDITA-SE QUE EXISTAM MILHÕES DE ESPÉCIES DESCONHECIDAS.

PEIXE-SAPO ESPINHOSO
Seus espinhos são **sensores** que lhe permitem detectar outros animais.

COM LUZ PRÓPRIA

POLVO-TELESCÓPIO
É **translúcido**. Pode ser visto pela luz que possui em seu interior.

TARDÍGRADO
Esse ser microscópico pode sobreviver dez anos sem comer ou beber, além de resistir a temperaturas de até −250 °C!

CARACTERÍSTICAS
*Eles são **cegos**, pois não há luz para ver ali.
*São **carnívoros**, pois naquela profundidade não existem plantas.
*Têm **barbatanas com sensores** para detectar o que os rodeia.

TUBARÃO-ENGUIA
Parece um **fóssil vivo** que não evoluiu ao longo do tempo. Veja como ele é estranho!

PEIXE-GOTA

POLVO-DUMBO

COMO EM OUTRO PLANETA...
Como é esse lugar?

Lá embaixo, tudo é muito escuro, a paisagem é desoladora, de aspecto lunar, com o solo liso e coberto de lodo. Há sons misteriosos e muito para descobrir!

O que se sabe sobre a Fossa das Marianas deve-se especialmente às **expedições** realizadas, embora grande parte da região permaneça inexplorada.

A LUZ DO SOL NÃO CHEGA LÁ.

A ÁGUA ESTÁ QUASE CONGELADA.

A PRESSÃO ESMAGARIA QUALQUER CRIATURA.

Olhos que não veem.

Antena luminosa que atrai as presas.

Nos últimos anos, foram encontradas **lulas gigantes** medindo até dez metros.

A pressão exercida nessa profundidade seria a mesma que sustentar um elefante no polegar.

Veja que nariz imenso o **tubarão-duende** tem!

Boca aberta para pegar a comida.

Há **crustáceos** bem grandões.

Nossa, que assustador!! Melhor não cruzar o caminho do **peixe-dragão**. Que dentes afiados!

O macho vive **ligado fisicamente à fêmea** durante toda a vida.

*Eles mantêm a **boca aberta** para pegar os alimentos que cruzam seu caminho.
*São **seres bioluminescentes**, ou seja, têm um sistema para produzir luz. Alguns até parecem uma árvore de Natal!

TAMBÉM HÁ POLUIÇÃO

Mesmo que pareça difícil de acreditar, é **para lá que vai nosso lixo**, e os resíduos tóxicos penetram no organismo dos animais.

TAMBORIS ABISSAIS

27

OBRIGADO(A), SENHOR OCEANO!
O QUE O MAR NOS DÁ

Tão grande e tão generoso! É assim que se apresenta diante de nós essa "enorme piscina" que ocupa mais da metade da Terra.

Por que é tão importante para a vida?

É essencial que cuidemos dele!

TURISMO E LAZER

É divertido pular as ondas e fazer castelos de areia, não é mesmo? O mar é o destino perfeito quando queremos **sair de férias**.

O oceano **produz** mais da metade do **oxigênio que respiramos**, regula o clima, influencia as chuvas e abriga milhões de espécies.

Os mares e oceanos fornecem **alimento** para pessoas do mundo todo.

Artesanal

Industrial

PESCA E AQUICULTURA

A pesca é o meio de trabalho de muitas pessoas, dos **pescadores** e daqueles que **distribuem** e **vendem** o pescado. Existem muitos **métodos de pesca**, mas alguns causam vários danos ao mar.

O oceano contém quantidades consideráveis de **minerais** e **recursos energéticos**.

ENERGIA

O movimento das ondas e marés nos permite **extrair energia e produzir eletricidade**. É uma energia **renovável**, pois seu movimento nunca para.

ALIMENTAÇÃO

Huuum! Como são deliciosos o peixe, o polvo e as lulas! Sal e algas também vêm do mar. **O mar nos alimenta.**

Frutos do mar

Crustáceos Algas Moluscos Peixes

ENERGIA ONDOMOTRIZ (DAS ONDAS)

28

Uso sustentável

NOSSA VIDA DEPENDE DISSO!

Mesmo se estivermos a milhares de quilômetros do mar, todos utilizamos os seus recursos: comemos **peixes** e **mariscos**, utilizamos produtos **transportados em barcos** e temperamos a nossa comida com **sal marinho**.

Seus recursos não são infinitos!

SE NÃO CUIDARMOS DELES, ELES PODEM ACABAR.

Veja algumas dicas.

USO RESPONSÁVEL

Nunca devemos deixar **lixo** na praia ou jogá-lo no mar.

Casas ou hotéis não devem ser **construídos** na areia das praias, pois invadem os ecossistemas.

A pesca deve respeitar o ambiente marinho e **evitar o uso de redes de arrasto**, pois elas danificam o fundo do mar e capturam toneladas de pequenos animais que não tiveram tempo de crescer.

Você sabia que existem **tamanhos de peixes** adequados para **consumo**? São os adultos... Não se deve comer os filhotinhos!

ESPORTES AQUÁTICOS

Grande **variedade de esportes** pode ser praticada no mar. De qual você gosta mais?

Windsurf
Stand up
Mergulho

MINERAIS

O **sal** é o principal mineral obtido do mar. Também obtemos **areia** para construção, **magnésio** para remédios, e até **lítio**, que é usado na fabricação de baterias de celulares e carros elétricos.

É preciso ter cuidado! O **ruído** e os **resíduos de combustível** provenientes de máquinas e barcos **podem destruir** o hábitat dos animais marinhos.

TRANSPORTE

Barcos de todos os tipos levam e trazem 90% das **mercadorias** de todo o mundo. Além disso, há o transporte de **passageiros** em veleiros e cruzeiros.

Cruzeiro
Cargueiro

EXTRAÇÃO DE PETRÓLEO

O "ouro negro", como chamam o petróleo, é muito caro. Com ele, podemos fabricar gasolina, plásticos, tecidos e até tintas. Para extraí-lo, são feitas **escavações** em plataformas que ficam no meio do mar e são **altamente poluentes**.

Lítio
Sal

Petróleo

VIAGEM SOBRE A ÁGUA
HISTÓRIA DA NAVEGAÇÃO

A curiosidade, a busca por terras melhores para viver, o comércio com outras cidades... Esses são alguns dos **motivos** que fizeram a humanidade se **lançar ao mar**. Algumas das primeiras embarcações a vela foram construídas com **troncos pesados**. Aqui, você pode conhecê-las.

VIKINGS

Esses povos do norte eram **navegadores** e **guerreiros** experientes. Pareciam não ter medo de nada. Foram para o alto-mar em enormes barcos que eles próprios construíram.

OBSERVAÇÃO DAS ESTRELAS

Desde os tempos antigos, os navegadores usavam as estrelas para se **orientarem**. Você já ouviu falar da **Estrela do Norte**? Conhece as **constelações**?

ENDURANCE

Esse **navio quebra-gelo** realizou uma **expedição** para cruzar a **Antártica**. Mas não conseguiu concluí-la por causa das condições desfavoráveis.

O **dracar** era um navio bem sólido, adaptado para a **guerra** e **longas travessias**. Podia transportar cerca de cem pessoas.

DRACARS OU DRAKKARS

Significa "dragões".

ALGUMAS EMBARCAÇÕES

NAVIOS EGÍPCIOS

Eram feitos de papiro e madeira. Os egípcios eram **grandes construtores** navais.

FROTA ROMANA

As **birremes** e **trirremes** romanas eram os típicos navios de guerra da antiguidade.

GALEÃO

Era uma embarcação a vela utilizada desde meados do século XV.

Bravos navegadores

Estes são alguns dos **navegadores mais conhecidos** que se aventuraram a explorar o mar.

CRISTÓVÃO COLOMBO
Ele queria provar que a Terra era redonda e chegar à Índia navegando. Ao longo do caminho, **chegou à América**.

MAGALHÃES
Esse português realizou sua volta ao mundo e descobriu uma passagem entre os oceanos Atlântico e Pacífico: o **Estreito de Magalhães**.

MARCO POLO
Esse navegador e comerciante viajou para o Leste Asiático e a China, dando início ao comércio pela **Rota da Seda**.

JOHN COOK
Explorador e cartógrafo, navegou por áreas desconhecidas do Pacífico. Ele **desenhou mapas** muito detalhados!

E EMBAIXO D'ÁGUA

Esse submarino era capaz de viajar submerso por várias horas. O *Turtle* (tartaruga, em português) foi o primeiro submarino usado em combate.

INSTRUMENTOS DE NAVEGAÇÃO
Você conhece algum?

- Sextante
- Bússola
- Astrolábio
- Compasso náutico
- Ampulheta

DA HISTÓRIA

CARAVELAS
Essas embarcações são famosas porque foram usadas por **Cristóvão Colombo** na viagem em que ele chegou à América, em 1492.

A VAPOR COM RODAS
Essas embarcações **navegavam** em grandes **rios**, como o Mississippi, transportando passageiros e mercadorias.

TRANSATLÂNTICO
Esse navio sólido e moderno pode **cruzar todo o oceano**. Os primeiros navios eram movidos a vapor; depois, passaram a usar motor a combustível.

Titanic

31

PIRATAS E TESOUROS
O TERROR DOS MARES

Temidos e perigosos, os piratas navegavam pelo mar em barcos leves e velozes para poder **abordar** outros navios e **roubar sua carga**.

BERGANTIM PIRATA

Aqui, é possível vê-lo por dentro.

A vida a bordo não era fácil. **Eles passavam meses no mar**. Era preciso trabalhar duro e estar sempre vigilante.

Tinham que lidar com todos os tipos de **perigos**.

Mastro principal
Timoneiro
Mastro
Popa
Cabine do capitão
Beliches da tripulação
Convés
Porão

MAPA DO TESOURO

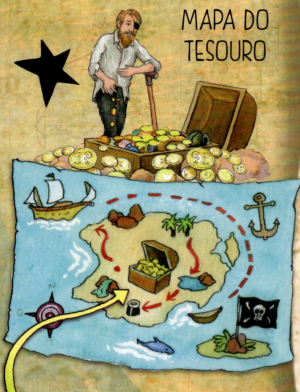

Este era o lugar exato onde o tesouro estava **escondido**. Só era preciso navegar até lá e... **ficar rico!**

PIRATAS CÉLEBRES

Ao longo da história, alguns piratas se tornaram famosos em contos e lendas.

PERNA DE PAU
Dizem que ele foi jogado ao mar e um **tubarão comeu** sua perna.

BARBA NEGRA
Ele penteava a longa barba e a trançava. Sua cara de poucos amigos dava uma ideia de **sua crueldade**.

CAPITÃO GANCHO
Sempre **incomodando Peter Pan**, esse pirata com gancho na mão conquistou a inimizade de todas as crianças.

MITOS E CURIOSIDADES DO MAR

Para nós, seres humanos, o mar sempre foi um lugar cativante e cheio de mistério. Muitos povos antigos ao redor do mundo o associavam a histórias mágicas e divindades.

EGITO
Para os egípcios, quando o mundo se originou, existia apenas um **oceano infinito** e águas tranquilas: o **Nun**.

ASTECAS

CHALCHIUTLICUE
Deusa dos rios, lagos, fontes, mares e oceanos.

Sua saia de jade simboliza as correntes de **água limpa, pura** e **cristalina**.

POSEIDON
Deus do mar e dos oceanos. Sua carruagem percorria a superfície do mar puxada por **velozes hipocampos**.

POVO IORUBÁ

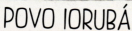

IEMANJÁ
Chegou à América Latina por meio dos escravizados africanos. **Mãe das águas**, do **Encontro do Rio com o Mar** e **Senhora da Vida**. Rosas brancas e frutas variadas são oferecidas a ela.

INUÍTE
O POVO "ESQUIMÓ"
Habita o oceano Ártico, que quase sempre está congelado. Eles vivem em **iglus** e pescam fazendo buracos no gelo.

ESCANDINÁVIA

Na mitologia escandinava, o *kraken* era uma criatura marinha que **atacava** os navios e **devorava** os marinheiros. Parece um polvo gigante.

MEDUSA
Era um monstro que **transformava em pedra** aqueles que olhavam diretamente para ela.

HIPOCAMPO
Era um ser fabuloso, metade **cavalo**, metade **peixe**.

KRAKEN

LEVIATÃ

34

POVOS E SERES MITOLÓGICOS:
deuses, deusas, criaturas fantásticas e outras curiosidades

GREGOS

A VIAGEM DE ULISSES

A **Odisseia** é o livro em que **Homero** descreve as aventuras vividas por Ulisses enquanto retorna para casa, na **Ilha de Ítaca**.

Os irresistíveis **cantos das sereias** atraíam os marinheiros, fazendo seus navios colidirem contra as rochas.

CELTAS

DEVA
É a deusa que governa todas as águas e, com elas, o mundo das **emoções** e dos **sentimentos**. Diz a lenda que ela afundou no mar devido à tristeza de um amor perdido.

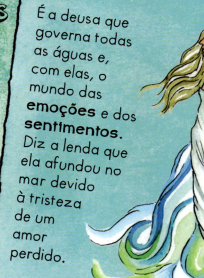

SEREIAS
Criaturas mitológicas, metade mulher, metade peixe.

CHINA

MATSU
É a deusa do mar. **Ampara** e **protege** pescadores e marinheiros.

BAJAU LAUT

A população desse grupo **étnico asiático** também é conhecida como "ciganos do mar". Eles vivem em casas sobre a água e são **mergulhadores** experientes em encontrar **pérolas**. Podem permanecer submersos, sem respirar, por treze minutos.

NA BÍBLIA

Leviatã **devorava** navios inteiros. Ele nadava ao redor do casco das embarcações tão rapidamente que **criava redemoinhos**. Representa **o caos** e **o mal** antes da criação do mundo.

JAPÃO

RYUJIN
Esse mítico **dragão japonês** tinha um castelo no fundo do mar do Leste e emergia das profundezas para causar terror.

35

VEJA QUE CURIOSO!
Animais estranhos e surpreendentes

A INTELIGÊNCIA DOS GOLFINHOS

Esses **mamíferos marinhos** são superinteligentes. Descubra o que são capazes de fazer!

INTERPRETAR ORDENS E SINAIS
O treinador **brinca** com o golfinho e depois pede para que ele volte para o fundo da água.

TRABALHO EM EQUIPE
Você sabia que os golfinhos se **organizam** para encurralar os cardumes de anchovas e depois se revezam para devorá-los?

Os golfinhos-nariz-de-garrafa **trabalham juntos** para remover a tampa do tubo e comer os peixes que estão dentro.

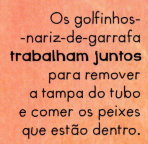

RESOLVER PROBLEMAS
Tão engenhoso! O golfinho sabe como **tirar seu alimento** de um **labirinto**.

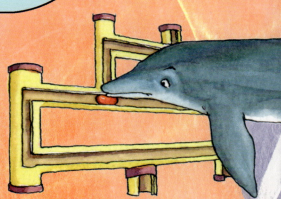

Quase não tem cor. Vive no fundo do mar e põe seus ovos em esponjas entre minerais, como o magnésio, que é usado na fabricação de celulares e computadores. **Atenção! Sua espécie está em perigo de extinção!**

POLVO "CASPER"
POLVO OU FANTASMA?

NOCTILUCAS
Esses microrganismos unicelulares iluminam o mar de um **azul brilhante** durante a noite.

BAIACU
QUE ARTISTA!
Os machos da espécie fazem **ninhos circulares** no fundo do mar e os decoram com conchas. Tudo isso para atrair as fêmeas.

36

FRINGEHEAD SARCÁSTICO

Cuidado com esse **peixe assustador**! Ele geralmente se esconde no fundo do mar. Mas, se invadirem sua área, abre sua boca enorme.

PEIXE-LUA
UM PEIXE MUITO PESADO

Bastante curioso, esse peixe **é quase redondo**. Pode pesar **duas toneladas** e medir mais de **três metros**. Vive em águas tropicais e temperadas.

As fêmeas põem milhões de ovos! Seu corpo parece coberto de **gelatina**.

PEIXE-PAPAGAIO

O PEIXE-PAPAGAIO FABRICA QUILOS E QUILOS DE AREIA BRANCA POR ANO!

É outro peixe bem curioso. Vive em recifes. Ele rói o coral e faz "cocô de areia". Além disso, muda de sexo várias vezes ao longo da vida. E usa pijama! À noite, cria uma **bolha** transparente para se proteger dos predadores.

PEIXE-PEDRA

É o peixe **mais venenoso** do mundo. Tenha cuidado, não pise nele! Ele fica bem quieto em águas rasas, entre corais e rochas, e se cobre de areia para que ninguém o veja.

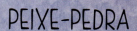

CAÇÃO-CADEIA
UM TUBARÃO FLUORESCENTE!

Esses fantásticos tubarões **brilham** no escuro. Eles conseguem enxergar uns aos outros sem que outras espécies os percebam. Além disso, sua luz os **protege de doenças**.

VERME-DE-POMPEIA

Esse verme adora **água bem quente**. Afinal, ele cresce entre as aberturas de vulcões subaquáticos: as fumarolas.

TORPEDO (OU TREME-TREME)

É primo das raias. Nem pense em tocá-lo! De seus pontos negros, é capaz de **descarregar até 200 volts** de eletricidade.

Peixes elétricos
PERIGO: ALTA VOLTAGEM!
ENGUIA ELÉTRICA

Que choque esse bicho pode dar em você! Seiscentos volts de uma vez!

ONDAS QUE VÊM E VÃO
COMO É BONITO O MAR!

Você já se perguntou **onde o mar termina**, se ele se junta ao céu no horizonte ou por que tem ondas que vêm e vão?

O QUE É UM MAR?
Os mares são grandes extensões de **água salgada**. Alguns calmos, outros bravos; alguns verdes, outros azuis. Com **ondas e marés** que banham as costas dos continentes.

TIPOS DE MARES
Dependendo da localização e características, podem ser:

MAR ABERTO

Também chamados de **mares costeiros**, banham as costas dos continentes e estão **abertos ao oceano**.

Mar do Caribe, mar do Norte

MAR FECHADO

Estão **dentro dos continentes** e não se comunicam com o oceano; é por isso que são considerados grandes **lagos salgados**.

Mar Morto, mar Cáspio e mar de Aral

MAR CONTINENTAL

Estão **cercados por continentes**. Juntam-se aos oceanos por meio de aberturas ou estreitos.

Mar Mediterrâneo, mar Negro, mar Báltico e mar do Japão

Muito mais que sete mares!

Atualmente, existem cerca de **sessenta mares** na Terra. Aqui, você pode conhecer alguns.

OS SETE MARES
Em histórias e lendas antigas, dizia-se que um navegador tinha "percorrido os sete mares" **quando já havia navegado ao redor do mundo**. É por isso que essa expressão pegou!

MAR VERMELHO
Ugh... que calor! Esse mar é o mais quente do mundo. **Algas vermelhas** tingem suas águas. É um mar continental cercado por deserto. Quando um barco o atravessa, parece que está navegando por dunas.

MAR MORTO
Flutuar é muito fácil nesse mar! Tem **tanto sal** que **tudo flutua** nele. Dizem que tomar banho em suas águas faz bem à saúde. **Nenhum ser consegue viver ali**; apenas alguns organismos microscópicos.

UM MAR MAREADO

AS MARÉS

Talvez você tenha observado como, em algumas praias, **as ondas avançam** até cobrir grande parte da areia, mas que, depois de algumas horas, acontece o contrário: elas **recuam**, deixando mais areia exposta e a praia maior.

A LUA

Provoca **alterações** no **nível do mar**. Apesar de ser muito menor que a Terra, a **força gravitacional** da Lua atua sobre nós.

MARÉS VIVAS

Quando o Sol e a Lua se alinham, exercem uma força muito mais intensa, deixando as marés bem maiores.

O mar sobe...

Maré alta

Maré baixa

...o mar desce.

SAL MARINHO

O QUE É SALINIDADE?

É a quantidade de **sais minerais** dissolvidos **na água**. A quantidade média de sal em um litro de água do mar é de 35 gramas.

Tente fazer essa experiência!

MAR DE ARAL

O pobre Mar de Aral **está quase seco**, parecendo um deserto. É mais um exemplo de desastre natural causado pelo ser humano, que secou seus afluentes. Antes viviam muitos peixes ali; **agora não há vida**. Apenas navios encalhados na areia!

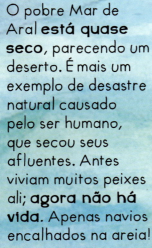

MAR DE WEDDELL

Esse **mar de gelo** fica no oceano Antártico. Lá, vagam livremente pinguins, focas, orcas e baleias. Também tem **muito krill**! Em suas águas congelantes, há enormes pedaços de gelo flutuando, chamados **icebergs**.

MAR MEDITERRÂNEO

Esse lindo mar fica no "**meio da terra**", como o próprio nome indica. Ao longo da história, diferentes povos e civilizações o navegaram e fizeram uso de seus recursos.

Tem **muita biodiversidade**, mas está cada vez mais poluído. Os despejos industriais e os microplásticos ameaçam o seu equilíbrio.

39

O MAR NUNCA PARA
POR QUE A ÁGUA SE MOVE?

CORRENTES MARINHAS
Existe uma espécie de **rede de estradas submarinas** que conectam todos os oceanos do planeta. São as chamadas correntes marinhas, que são como **rios que correm debaixo d'água**.

A rotação da Terra, os ventos, a Lua, o relevo submarino e as diferenças de temperatura fazem com que os **mares e oceanos** fiquem sempre **em movimento**.

MUITO IMPORTANTES PARA A VIDA!
Além de transportar **calor, nutrientes** e **oxigênio**, como uma grande esteira transportadora, as correntes funcionam como uma ponte para muitos **seres aquáticos** que viajam por elas.

O EFEITO CORIOLIS
O movimento **rotacional da Terra** é muito rápido e influencia na **direção** das **correntes** oceânicas e dos **ventos** atmosféricos.

Observe a jornada que eles fazem por causa desse efeito!

COMO EM UM CIRCUITO DE FÓRMULA 1!
Você sabia que milhares de **animais** aproveitam a força das correntes para nadar em **alta velocidade**?

Algumas espécies chegam a dar **várias voltas na Terra!**

TIPOS DE CORRENTES

CORRENTES PROFUNDAS DE ÁGUAS FRIAS
Começam nos polos e **correm abaixo dos mil metros de profundidade**. Ao chegar nas áreas quentes, a água esquenta e sobe. Assim, transforma-se em corrente superficial.

CORRENTES SUPERFICIAIS DE ÁGUAS QUENTES
Originam-se nas áreas do equador e dos trópicos. Carregam águas quentes e **modificam o clima** das regiões por onde passam. Podem **provocar** grandes **tempestades!**

40

O OCEANO E O CLIMA

Por meio de ondas, marés e correntes, o mar **regula o clima do planeta**.

OLÁ, ONDAS!

Por que há ondas no mar? A maioria é **produzida pelo vento**. Quanto mais forte ele sopra, maiores são as ondas. Elas viajam muitos quilômetros, desde o mar até **se quebrarem nas praias**. Podem **medir** até **quinze metros**!

A temperatura da água muda mais devagar que a temperatura da terra; por essa razão, o **clima no litoral é mais ameno** que no interior.

CALOR E UMIDADE...

O **ar** na atmosfera é **aquecido** pelo efeito da umidade e do calor da água, formando nuvens e criando suaves **brisas marítimas** ou violentos **redemoinhos** de **vento** e **chuva**.

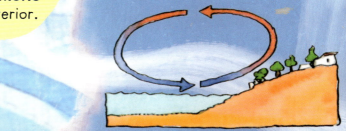

O mar revolto

Às vezes, ocorrem fenômenos que **enlouquecem o mar**.

TSUNAMIS

São **ondas gigantescas** produzidas por um maremoto ou por uma erupção vulcânica subaquática. **Viajam** tão **rápido** quanto um avião e chegam ao litoral na forma de uma **montanha de água** da altura de um **prédio de dez andares**!

QUE DESASTRE!

O mar é tão poderoso que pode **destruir tudo** o que toca, **arrasando** e **inundando** cidades inteiras.

FURACÕES

São as **tempestades** mais violentas do planeta. Também são conhecidos como **tufões** ou **ciclones**. Formam-se em áreas tropicais e causam ondas violentas, **fortes chuvas** e **inundações**.

COMO SE FORMAM OS FURACÕES?

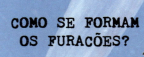

Os **ventos**, que circulam em direções opostas, começam a girar formando um **imenso redemoinho** em torno de um ponto, chamado **olho do furacão**, onde, curiosamente, tudo fica calmo.

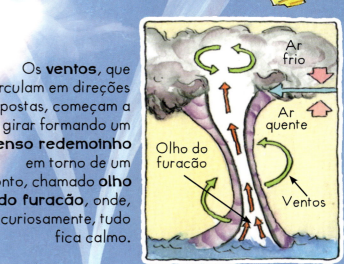

CUIDADO!

Com o **aquecimento global**, há mais furacões porque, à medida que a água do oceano fica mais quente, **produzem-se mais tempestades tropicais**.

POR SORTE...

Existem **sistemas** cada vez melhores para **detectar** esses fenômenos. Furacões podem ser vistos por **satélites**, e **sensores sísmicos** detectam tsunamis.

É visto assim do espaço!

41

SOS! PLANETA EM PERIGO
A TERRA ESTÁ QUEIMANDO!

Aquecimento global

A **temperatura da Terra** está aumentando, os **oceanos** estão ficando mais **quentes** e os seus ecossistemas estão sendo destruídos. **Por quê?**

EFEITO ESTUFA

Certos **gases** na atmosfera **retêm** parte do **calor** do Sol e **deixam** a outra parte escapar. Graças a eles, temos um **clima ideal para a vida.** Mas quando a concentração de gases aumenta...

Muitas vezes, sem perceber, nós **prejudicamos a natureza.** Você, com certeza, já ouviu falar sobre aquecimento global e poluição, certo?

 Aumento da temperatura

 Derretimento do gelo e aumento do nível do mar

 Inundações

 Desertificação

 Incêndios florestais

GASES POLUENTES

Os principais gases de efeito estufa (GEE) são o dióxido de carbono, o **metano** e o **vapor d'água.** O consumo de energia aumenta o volume desses gases.

Gasolina   Aquecimento

TRANSPORTES

Veículos movidos a gasolina ou diesel **emitem** muito dióxido de carbono na atmosfera, além de **poluir o ar** nas grandes cidades.

PECUÁRIA INTENSIVA

As enormes fazendas de porcos e vacas **produzem metano** e dejetos que poluem o ar e o solo.

TEMOS PROBLEMAS

Sabemos que temos um tesouro, o **oceano**, o **grande pulmão** do nosso planeta, tão importante para a vida. Ainda assim...

Poluição
Um futuro ameaçado

Nós, seres humanos, consumimos **mais do que precisamos**. É por isso que também produzimos enormes quantidades de **dejetos** e resíduos nocivos que acabam **no mar**.

Você sabia que cinco enormes **ilhas de plástico** se formaram nos oceanos?

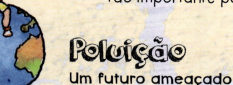

Quanto tempo demoram para se desintegrar?

30 anos
500 anos
10 anos
150 anos
500 anos

LIXO

A cada ano, despejamos no mar dez bilhões de quilos de lixo, peso que equivale a mil baleias-azuis! Assim, estamos **envenenando as águas**.

O avanço das cidades, das indústrias, e o modo de vida que levamos afetam a **saúde** das pessoas, assim como a **fauna** e a **flora** do planeta.

Todo o nosso **plástico chega ao mar** através dos rios ou esgotos.

Pobre tartaruga! Ela ficou **presa** em uma embalagem plástica de refrigerante.

PLÁSTICOS E MICROPLÁSTICOS

Atenção! Se continuarmos assim, em 2050 haverá mais plástico do que peixe.

OBSERVE ESTE PEIXE

Em seu estômago, restam **pedaços de plástico desintegrados**, que vão voltar à nossa mesa quando formos comê-lo.

LIXO TÓXICO

Resíduos urbanos, esgoto, **petróleo** e **metais** pesados, como **mercúrio acumulam-se** no corpo dos **peixes**.

AGRICULTURA INDUSTRIAL

Os **pesticidas** e **herbicidas** chegam ao mar através dos rios e das águas subterrâneas. Eles são muito **venenosos**!

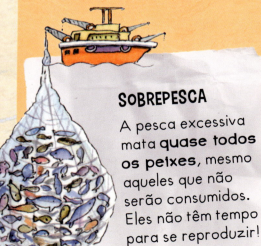

SOBREPESCA

A pesca excessiva mata **quase todos os peixes**, mesmo aqueles que não serão consumidos. Eles não têm tempo para se reproduzir!

43

EM NOSSAS MÃOS,
Vamos construir um mundo...

O oceano é tão surpreendente! Podemos olhá-lo e admirá-lo, mas a nossa principal **obrigação** é protegê-lo.

O que podemos fazer?

DICAS PARA CUIDAR DO OCEANO

1 LIMPAR O AR

Economize energia: **desligue** as luzes e todos os **aparelhos eletrônicos**.

Use **bicicleta** ou **transporte público**.

Não abuse do aquecedor ou do **ar-condicionado**.

Desta forma, você reduzirá as emissões de dióxido de carbono e o **aquecimento global**.

2 CONSUMIR COM RESPONSABILIDADE

POR FAVOR, CHEGA DE PLÁSTICOS!

Não use canudos ou copos **plásticos descartáveis**.

Use **garrafas reutilizáveis** para transportar água. Leve sua **própria sacola** para fazer compras.

Compre produtos que não venham **embalados em plástico**.

VOCÊ CONHECE A REGRA DOS 3 R?

AJUDE A REDUZIR A POLUIÇÃO!

Reduza! Pense se você realmente precisa do que vai comprar.

Reutilize as coisas sempre que possível.

Recicle fazendo a separação correta do lixo.

Lembre seus amigos de fazerem o mesmo!

Não pegue ou mova os **animais**. Se você os tirar de seu lar, eles certamente morrerão.

44

NÓS CONSEGUIMOS!
... mais sustentável

Se **mudarmos** alguns **hábitos** do nosso dia a dia, juntos poderemos **curar a Terra**.

A solução está em nossas mãos. **A atitude de cada um conta.**

3 ECONOMIZAR ÁGUA

Tome **banhos rápidos**.

Não despeje **óleo** e outros produtos **nos ralos**. Coloque-o em um recipiente com tampa para depois descartá-lo.

Use apenas a água de que precisa. **Feche a torneira**.

Cuide das árvores, pois elas retêm água e renovam o ar.

Não jogue lenços umedecidos no **vaso sanitário**.

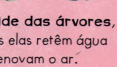

4 CUIDAR DAS PRAIAS E DO MAR

Quando for à praia ou à montanha, leve uma sacola para **coletar o lixo** e jogue-o na lixeira. Vamos deixar tudo limpo! Ande de caiaque ou barco a vela, em vez de lancha ou **jet ski**.

Os **motores poluem** a água e fazem barulho.

5 ESCOLHER OS ALIMENTOS

Consuma **produtos locais** para que não tenham que viajar quilômetros para chegar até você. Coma mais produtos **vegetais** e **leguminosas** em vez de tanta carne; os animais vão agradecer. Se você come peixe, que não sejam filhotinhos nem de espécies ameaçadas de extinção.

Crie a sua **própria horta** no jardim ou terraço.

6 RESPEITAR OS ANIMAIS E AS PLANTAS

Não compre acessórios feitos com corais, estrelas-do-mar, cascos de tartaruga, etc.

Para fabricá-los, foi preciso matar os animais.

7 COLABORAR EM CAMPANHAS COLETIVAS

Gostaria de participar da **limpeza da praia**? Muitas organizações fazem projetos para proteger os oceanos. Informe-se!

PROTEGER OS OCEANOS

Aprenda sobre eles e a vida marinha. Quanto mais você os conhecer, mais desejará resolver seus problemas. Você **pode ajudar**. Está **em suas mãos**!

45